AF300708

DIE SMART-METHODE

5 Kriterien für gut definierte Ziele

Verfasst von Guillaume Steffens
In Zusammenarbeit mit Anne-Christine Cadiat
Übersetzt von Mareike Lobeck

Business 50MINUTEN.de

DIE SMART-METHODE

SCHLÜSSELINFORMATIONEN

- **Bezeichnungen:** SMART, SMART-Methode, SMART-Ziele, SMART-Formel, SMART-Kriterien
- **Anwendungsbereiche:**
  - Im (Projekt-) Management werden SMART-Kriterien eingesetzt, um Ziele und aussagekräftige Leistungskennzahlen (Key Performance Indicators, KPI) festzulegen und deren Erreichen zu unterstützen.
  - In den Geisteswissenschaften und im Privatleben werden sie verwendet, um Lernziele zu setzen.
- **Warum ist es so gut?** Das Prinzip ist einfach: Ein gut definiertes Ziel erfüllt fünf Merkmale. Es sollte gleichzeitig spezifisch (*specific*), messbar (*measurable*), zuweisbar (*assignable*), realistisch (*realistic*) und terminiert (*time-bound*) sein. Mit dem SMART-Akronym kann man sich diese Zielsetzungsmerkmale leicht merken.

- **Schlüsselwörter:**
  - <u>Projektmanagement</u>: Organisation aller Tätigkeiten, die nötig sind, um ein gestecktes Ziel zu erreichen
  - <u>Leistungskennzahlen (KPI)</u>: Maß zur Bewertung von Leistung oder Effizienz
  - <u>Ziel</u>: durch bestimmte Tätigkeiten zu erreichende Idealsituation

EINLEITUNG

Der auf Management spezialisierte Ökonom Peter F. Drucker (1909-2005) definiert in seinem 1954 erschienen Werk *The Practice of Management*[1] das Konzept des *Management by Objectives* (MbO, auf Deutsch „Führen durch Zielvereinbarung"), das im Festlegen quantitativer und/oder qualitativer Ziele innerhalb eines bestimmten Zeitrahmens besteht. Drucker erklärt außerdem, dass die Mitarbeiter in die Zielsetzung miteingebunden werden müssen und dass deren Leistung bewertbar und messbar sein sollte. Zwar verwendet Drucker das SMART-Akronym selbst nicht, er legt jedoch die Basis für das Konzept.

---

1. Die deutsche Ausgabe erschien 1956 im Econ-Verlag unter dem Titel *Die Praxis des Management.*

Erst 1981 erscheint das SMART-Konzept zur Zielsetzung in einem Artikel des Management-Dozenten George T. Doran (1939-2011), „There's a S.M.A.R.T. Way to Write Management's Goals and Objectives" (in *Management Review* 70(11), S. 35-36). Doran führt aus, dass nicht alle Ziele die SMART-Kriterien erfüllen müssen, sondern dass es vielmehr darum geht, diese als eine Art Leitfaden zu verwenden.

Definition

Das Akronym SMART setzt sich aus den Anfangsbuchstaben der fünf Merkmale zusammen, die bei einer sinnvollen Zielsetzung stets beachtet werden sollten. Diese Merkmale sind „spezifisch" (S, *specific*), messbar (M, *measurable*), zuweisbar (A, *assignable*), realistisch (R, *realistic*) und terminiert (T, *time-bound*).

Das Modell wurde ursprünglich im Rahmen des (Projekt-) Managements verwendet, um die Eigenschaften eines konkreten Ziels oder einer Kennzahl festzulegen. Dabei lässt man die abstrakte Idee hinter sich und greift tatsächlich ein. Die Einfachheit des Modells spricht auch andere Bereiche wie z. B. das Personalmanagement an, dessen Ziel die Personalentwicklung sowie die Effizienzsteigerung der Mitarbeiter ist. Ebenso kann die Methode auch auf einzelne Privatpersonen (die sich selbst SMART-Ziele setzen) oder Teams angewandt werden (ein Manager legt Ziele fest, die von mehreren Personen gemeinsam erfüllt werden sollen).

Zwar bestehen diverse Alternativen für das Akronym, im Folgenden werden jedoch nur die geläufigsten betrachtet.

DIE SMART-METHODE IN DER THEORIE

DIE SMART-KRITERIEN

So wie ein Vorhaben sich aus mehreren aufeinanderfolgenden Zielen zusammensetzt, können auch diese in Unterziele unterteilt werden. Soll zum Beispiel der Absatz gesteigert werden (Vorhaben bzw. oberstes Ziel), so legt der betroffene Manager als Ziel fest, 100 neue Kunden zu gewinnen.

Kriterien sind Elemente, die als Bewertungsgrundlage notwendig sind, während mittels Indikatoren überprüft werden kann, ob die Kriterien tatsächlich erfüllt wurden. Ein Kriterium, das beschreibt, wie lange es dauert, ein Ziel zu erfüllen, könnte beispielsweise durch einen Zeitindikator wie „in einer Woche" überprüft werden.

Sowohl Manager als auch Mitarbeiter können SMART-Kriterien verwenden. Manager nutzen sie eher, um Ziele für ihr Team zu setzen, während Mitarbeiter sie für eigene Ziele verwenden.

Nach George T. Doran können die fünf SMART-Merkmale wie folgt beschrieben werden:

- **Spezifisch:** Das Ziel sollte sich auf ein genau definiertes Element beziehen. Mit diesem Kriterium werden zu allgemeine – und dadurch zu ungenaue – Formulierungen wie beispielsweise „Unternehmensprofit steigern" vermieden, und Ziele wie „Kostensenkung für Maschine A", deren Ergebnisse quantifizierbar sind, begünstigt. In diesem Beispiel wäre „Unternehmensprofit steigern" das Vorhaben (oberstes Ziel), das mittels des (Zwischen-) Ziels „Kostensenkung für Maschine A" erreicht werden soll. Durch die genaue Beschreibung eines Ziels wird deutlich, welche Schritte notwendig sind, um es zu erreichen. Eventuell kommen dazu noch Unterziele (Reduzierung des Ausschusses, der Ausfälle etc.). Die Hauptaspekte eines klaren Ziels sind durch dieses Kriterium eindeutig umfasst: Das Ziel gilt in einem bestimmten Rahmen oder für einen genau definierten Bereich und verfügt über bestimmte finanzielle Mittel.

- **Messbar:** Dieser Aspekt ist essentiell, da er bei Zielsetzungen in der Geschäftswelt ermöglicht, die Ergebnisse zu überprüfen. Dafür muss das Unternehmen über zuverlässige Mittel verfügen, mit denen es einerseits Zugriff auf die jeweiligen Daten hat und diese andererseits korrekt auswerten kann. Es ist nicht immer leicht, ein Ziel zu quantifizieren, zudem sind manche eher qualitativer als quantitativer Natur. Das Ziel, das Unternehmensimage zu verbessern, ist zum Beispiel schwer zu quantifizieren. Trotzdem ist es notwendig, sich mit der Messbarkeit zu befassen. In diesem Beispiel wäre es möglich, Umfragen auszuführen und quantitative Daten zu erheben (Wahrnehmung des Unternehmens durch ein bestimmtes Publikum auf einer Skala von 1 bis 10), um anschließend eine Richtung vorgeben zu können.
- **Zuweisbar:** Eine oder mehrere Personen sollten eindeutig als Verantwortliche für das Erreichen des Ziels bestimmt werden. Es kann sich hier sowohl um interne Mitarbeiter als auch um Unternehmensexterne handeln. Ebenso kann man sich selbst ein Ziel setzen.
- **Realistisch:** Hier geht es um die Unterscheidung

zwischen der Idealsituation – die schwieriger zu erreichen ist – und dem konkreten Ziel. Das Ziel muss entweder mit aktuell verfügbaren Mitteln des Unternehmens oder mit neuen, zu akzeptablen Bedingungen beschaffbaren Mitteln zu erreichen sein. Dabei muss auch das geltende Recht beachtet werden. Zudem hat das Kriterium Auswirkungen auf Motivation und Engagement der Mitarbeiter. So muss ein guter Mittelweg zwischen Herausforderungen und realistischen Zielen gefunden werden. Im Fall eines Misserfolgs kann es sinnvoll sein, ein neues, weniger hoch gestecktes Ziel zu formulieren.

- **Terminiert:** Es ist wichtig, bei der Zielsetzung einen Zeitplan zu erstellen. Ohne Zeitangaben wäre das Ziel nicht mehr klar definiert, ebenso wäre es unmöglich, die Umsetzung zu überprüfen.

Die fünf SMART-Kriterien

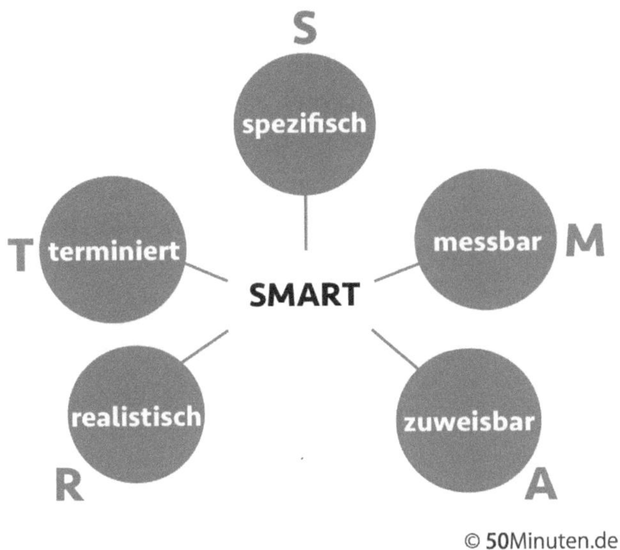

Bei den hier genannten fünf Kriterien handelt es sich um die von Doran beschriebenen. Im Kapitel Ergänzungen und verwandte Modelle werden einige mögliche Varianten vorgestellt.

VORTEILE DES MODELLS

Nicht nur die Einfachheit und das leicht zu merkende Akronym sprechen für das Modell:

- Mithilfe der SMART-Methode können konkrete Ergebnisse erreicht werden, indem der Fokus auf greifbare und quantifizierbare Aspekte eines Ziels gelegt wird.
- Sie kann in sehr unterschiedlichen Bereichen angewandt werden, sogar im Privatleben.
- Mit der SMART-Formel wird ein Ziel vollständig definiert und muss nicht bzw. kaum näher beschrieben werden.

DIE SMART-METHODE IN DER PRAXIS

Auch wenn die SMART-Methode sehr einfach erscheint, müssen die verschiedenen Schritte der Zielsetzung genau eingehalten werden, damit Ziele rechtzeitig erreicht und zahlreiche potenzielle Stolpersteine dabei umgangen werden können.

TIPPS UND BEST PRACTICES

Regel Nr. 1 – Das Ziel muss spezifisch sein

Unabhängig vom Bereich ist es üblich, mit Überlegungen zum ersten Kriterium – der Spezifikation des Ziels – zu beginnen. Manager werden so daran erinnert, präzise zu definieren und jederzeit alle Aspekte des jeweiligen Ziels im Kopf zu behalten. Im Projektmanagement und Marketing kann als erstes die folgende Frage gestellt werden: „Soll jedem Mitarbeiter ein Einzelziel gesetzt oder lieber einem Abteilungsleiter ein allgemeineres Ziel übertragen werden?". Sollen den Mitarbeitern jeweils unterschiedliche Einzelziele gesetzt werden, wird häufig zunächst ein allgemeines Ziel festgelegt, das dann für die verschiedenen Abteilungen und Mitarbeiter unterteilt wird. Genauso können Manager ein allgemeines Ziel festlegen und die Verteilung der Unterziele an die Teammitglieder den jeweiligen Abteilungsleitern überlassen. Bei einer partizipativen Zielsetzung arbeiten die Mitarbeiter direkt mit an der Definition des Ziels: Sie sind so selbst Teil des Projekts und können ihre Meinung äußern. Dieser Ansatz führt zu stärkerem Engagement, da sich die Mitarbeiter von Anfang an miteinbringen konnten.

Regel Nr. 2 – Das Ziel muss messbar sein

Da ein Ziel quantitativ oder qualitativ bewertet werden muss, sollte es im Vorfeld in Zahlen ausgedrückt werden. Zudem sollte überlegt werden, wie diese quantitativen Daten erhoben werden können. Letzteres erweist sich häufig als schwierig, da die Erhebung der Daten kostspielig sein kann (z. B. vollständige Marktanalyse) oder die Informationen nur schwer objektiv zu betrachten sind (z. B. Herstellung eines Qualitätsprodukts).

Wenn das Unternehmen über keine Abteilung verfügt, die Daten zentral sammelt, ist es wichtig, nun eine Bestandsaufnahme der innerbetrieblich leicht zugänglichen Daten zu machen. Ein Unternehmen besitzt meist mehr Informationsressourcen als die zusammentragende Person zunächst glauben mag, selbst wenn die Informationen über verschiedene Abteilungen verteilt sind (Buchführung, Marketing, Finanzen etc.). Die so zu einem bestimmten Zeitpunkt gesammelten Daten sollten gespeichert werden, da sie nach Ablauf der zu Beginn gesetzten Frist als Vergleichswert für die gemessenen Ergebnisse dienen.

Der Aspekt der Bewertbarkeit ist im Modell zwar nur implizit enthalten, allerdings ist er Managern im Nachhinein, wenn sie die Endergebnisse der Zielumsetzung bewerten müssen, eine besonders große Hilfe. In manchen Fällen kann es zudem sinnvoll sein, Szenarien für Schwellenwerte zu entwerfen, ab denen ein Ziel als ‚erreicht‘ angesehen wird: Ab welchem Wert kann ein Manager zufrieden sein bzw. ab wann sollte er die Strategie ändern, wenn das Ziel ist, den Absatz um 25 % zu steigern? Stellen die

25 % eine feste Untergrenze dar oder würde eine Steigerung von 20 % immer noch als Erfolg angesehen, ohne die Strategie infrage zu stellen? Hat der Manager eine Steigerung von 25 % erwartet, wird er anders reagieren, wenn er stattdessen eine Absatzsteigerung von 15 % oder 20 % misst. Je nach Szenario können verschiedene Korrekturmaßnahmen ergriffen werden.

Regel Nr. 3 – Ein Ziel muss zuweisbar sein

Im folgenden Schritt wird das Ziel einem Mitarbeiter oder einer externen Person/ Unternehmen zugewiesen, je nach verfügbaren Ressourcen und den Kosten, die ein Outsourcing bedeuten würde. In der Realität ziehen es viele Manager vor, zuerst den Verantwortlichen für ein Ziel zu bestimmen, bevor sie sich mit praktischen Fragen bezüglich der Ergebnisbewertung beschäftigen. So können zusammen mit dem für die Mission ausgewählten Verkäufer auf Grundlage seines Absatzes aus dem Vorjahr die nun zu erreichenden Verkaufszahlen bestimmt werden.

Regel Nr. 4 – Ein Ziel muss terminiert sein

Als Nächstes sollte bestimmt werden, wann das Ziel erreicht werden kann/muss. Dabei obliegt es dem Manager, eine Strategie so auszuarbeiten, dass der Zeitplan eingehalten wird. Da es empfehlenswert ist, für den Fall, dass etwas dazwischenkommt, einen Spielraum einzuplanen, kommuniziert der Manager an seine Mitarbeiter einen strafferen Zeitplan. Diese Strategie sollte jedoch nicht übertrieben werden, da sich der Druck auf die Mitarbeiter umso mehr erhöht, je kürzer die Fristen sind. Ein Gantt-Diagramm kann bei der Planung der Unterziele hilfreich sein, um so die Kontrolle über den Umsetzungsprozess zu behalten.

GUT ZU WISSEN: DAS GANTT-DIAGRAMM

Das 1910 von dem amerikanischen Ingenieur und Management-Berater Henry L. Gantt (1861-1919) entworfene Gantt-Diagramm wird vor allem im Projektmanagement verwendet. Es ermöglicht einen Gesamtüberblick über die verschiedenen, zu erledigenden Aufgaben (durch horizontale Balken dargestellt) und ihre eventuelle zeitliche Überschneidung. Aktuell gibt es zahlreiche gebührenpflichtige, aber auch kostenlose Programme zur Erstellung eines solchen Diagramms.

Beispiel eines Gantt-Diagramms

Aufgabe	Beginn	Ende	Juni	Juli	Aug.	Sep.
Vergleichsstudie der Maschinen	01.06	30.06				
Zuliefererrecherche	20.06	20.07				
Lieferung der Maschine	20.07	10.08				
Aufbau der Maschine	10.08	16.08				
erster Test der Maschine	17.08	18.08				
Produktionsbeginn	18.08					

Regel Nr. 5 - Ein Ziel muss realistisch sein

Schließlich muss darauf geachtet werden, dass ein Ziel realistisch ist. Dies ist das subjektivste Merkmal des Modells; es ist Aufgabe der

Manager, diesen Aspekt mithilfe der ihnen zur Verfügung stehenden Instrumente und ihrer Intuition zu bewerten (statistische Analysen, Marktstudien, Zufriedenheitsumfragen etc.). Dafür stützen sie sich auf:

- konkrete Zahlen, um die voraussichtliche Situation abzuschätzen
- vergangene Erfahrungen
- Prognosen für die Bewertung der zukünftigen Situation

Manager können die Realisierbarkeit eines Ziels allein auf Grundlage mancher oder aller vorab genannten Aspekte überprüfen. Entscheiden sie sich für letzteres, wird zunächst überprüft, ob die für das Projekt ausgewählte(n) Person(en) über ausreichende Mittel verfügt/verfügen, um das Ziel innerhalb der gesetzten Frist zu erreichen. Dieses Merkmal ist von allen fünf das am schwierigsten abzuschätzende und auch das umstrittenste.

GUT ZU WISSEN

Im Management bezieht sich Intuition auf unbewusste Aspekte auf Gefühlsebene, die nicht immer mit objektiven Daten zu belegen sind und den Manager in seiner Entscheidungsfindung leiten. Abhängig von ihrer Erfahrung und ähnlichen erlebten Situationen können Manager fühlen, ob ein Projekt erfolgreich sein wird oder nicht.

Die SMART-Methode dient zwar der korrekten Definition von Zielen, sie sollte jedoch nicht als vollständige Checkliste für die Zielsetzung angesehen werden – im Einzelfall kann es sein, dass einige Merkmale fehlen. So ist die Umsetzung eines nicht messbaren Ziels vermutlich weniger interessant, muss aber nicht unbedingt nutzlos/überflüssig sein.

FALLSTUDIE

Zur Veranschaulichung der Theorie werden im Folgenden zwei Beispiele zur Festlegung von SMART-Zielen in unterschiedlichen Bereichen besprochen: Projektmanagement und persönliche Entwicklung.

Die SMART-Methode im Projektmanagement

> Unternehmen A investiert in eine neue Maschine, um seine Tablet-Produktion zu steigern. Am 5. Januar formuliert Managerin X das SMART-Ziel folgendermaßen: „Im zweiten Trimester wird der Projektverantwortliche Gregor Müller dank der neuen Maschine AX-02 eine Steigerung von monatlich 10.000 zusätzlich produzierten Einheiten vorweisen."

Tabelle der SMART-Kriterien

SMART-Kriterien		Definition des Ziels
S	spezifisch	Steigerung der Tablet-Produktion im Unternehmen A dank der neuen Maschine AX-02
M	messbar	Produktion von monatlich 10.000 zusätzlichen Einheiten im Vergleich zum 5. Januar desselben Jahres
A	zuweisbar	Gregor Müller ist Projektverantwortlicher.
R	realistisch	Eine Steigerung um 10.000 Einheiten wird als realistisch angesehen.
T	terminiert	Im zweiten Trimester (diese Formulierung könnte präziser sein, bspw. „Ende des zweiten Trimesters")

- **Stärke:** Das Ziel erfüllt alle Kriterien eines SMART-Ziels. Die Managerin kann bewerten, ob das Ziel in der gesetzten Frist erreicht wurde. In diesem Beispiel kann die Produktion problemlos etwa mit der vom Dezember (wenn man davon ausgeht, dass die

Produktion konstant ist) verglichen und so die Produktionssteigerung im zweiten Trimester überprüft werden.

- **Schwäche:** Der Zeitrahmen ist recht vage. Die Mitarbeiter werden die Frist eher Ende des zweiten Trimesters sehen, während die Managerin eigentlich an den Anfang des Trimesters gedacht hat. Um Missverständnisse zu vermeiden, sollte das Ziel so genau wie möglich definiert werden.

Für den messbaren Teil des Ziels stützt sich die Managerin auf frühere Daten. So kann die Steigerung beispielsweise im Vergleich zum Vorjahr in Prozent berechnet werden. Mittels einer Marktstudie vergewissert sie sich außerdem, dass die zusätzliche Produktion abgesetzt werden kann. Die Realisierbarkeit (R, realistischer Aspekt) wird anhand der Maschinenspezifikation und der Produktivität der Arbeiter überprüft.

SONDERFALL: PROJEKT MIT UNTERZIELEN

Bemerkt Unternehmen A, dass die Tablet-Produktion komplizierter ist als anfänglich gedacht, wird es vermutlich zwei Unterziele festlegen, um die geplanten 10.000 zusätzlichen Einheiten zu erreichen.

1. **Neue Rohstoffe finden, um eine größere Menge Produkte produzieren zu können:** Der Einkaufsverantwortliche (zuweisbar) bewertet bis Monatsende (terminiert) die Zulieferer, nimmt Kontakt zu ihnen auf und schließt Verträge mit dem Zulieferer, der das beste Angebot macht (spezifisch und messbar). Dieses Ziel scheint realistisch, da eine solche Tätigkeit im Kompetenzbereich des Einkaufsverantwortlichen liegt.

2. **Einstellungen der Maschine optimieren, um den Ausschuss zu minimieren:** Das zweite Unterziel wird ebenfalls dem Einkaufsverantwortlichen zugewiesen (zuweisbar), der die beste Kombination der verschiedenen Einstellungen finden muss (spezifisch) – beispielsweise Größe/Gestaltung der Form und Menge an Plastik. Der Produktionsstart ist für anderthalb Monate später angesetzt, alle Einstellungen müssen bis dahin feststehen (terminiert). Ganz konkret

müssen die zu defekten Produkten führenden Faktoren reduziert werden – mit einem Programm, das alle möglichen Einstellungen berechnet und die beste, am wenigsten Ausschuss generierende, feststellt (messbar). Damit das Ziel realistisch ist, muss sich der Einkaufsverantwortliche umgehend das entsprechende Programm beschaffen und so schnell wie möglich die benötigten technischen Kenntnisse erwerben, um es nutzbringend einzusetzen.

Die SMART-Kriterien zum Festlegen eines Lernziels

Daniel, ein junger Geisteswissenschaftler, möchte Internetseiten gestalten, hat aber keinerlei Vorkenntnisse im Programmieren. Er kauft sich ein Buch, um seine erste Homepage in weniger als einem Monat zu erstellen. Der Auftritt sollte ein Menü und ungefähr zehn Seiten umfassen. Jeden Morgen liest er etwa 15 Seiten in dem Buch und setzt sein Projekt so nach und nach um.

Tabelle der SMART-Kriterien

SMART-Kriterien		Definition des Ziels
S	spezifisch	Erstellung einer Homepage mit einem Menü und ungefähr zehn Seiten
M	messbar	Es kann leicht überprüft werden, ob die Homepage erstellt wurde und ob sie tatsächlich ein Menü und zehn Seiten umfasst.
A	ehrgeizig	Die Erstellung der Homepage ist eine große Herausforderung, da Daniel noch keinerlei Programmierkenntnisse besitzt, als er das Projekt beginnt.
R	realistisch	Das Ziel ist zwar ehrgeizig, aber durchaus realistisch: Daniel stattet sich mit den notwendigen Mitteln aus, um sein Ziel zu erreichen. Jeden Morgen bildet er sich mithilfe eines Buchs weiter.
T	terminiert	Er setzt sich eine Frist von einem Monat.

Der Hauptunterschied zwischen Lernzielen und anderen Zielen liegt in der Anpassung des A-Merkmals: „zuweisbar" (*assignable*) wird durch „ehrgeizig" (*ambitious*) ersetzt (bei der Definition eines Lernziels wird „ehrgeizig" bevorzugt, da davon ausgegangen wird, dass das Ziel nicht zugewiesen werden muss). Das heißt jedoch nicht, dass Ziele, die im Rahmen des Projektmanagements oder Marketings gesetzt werden, nicht auch ehrgeizig sein dürfen. An dieser Stelle soll nochmals betont werden, dass die SMART-Methode ein Hilfsmittel ist, um Ziele zu erreichen – und keine Checkliste.

DIE SMART-METHODE: SCHWÄCHEN UND ERGÄNZUNGEN

SCHWÄCHEN UND KRITIK

Zur Erinnerung: Nicht alle Ziele müssen zwingend die SMART-Kriterien erfüllen. Doran entwarf die Methode nicht als Checkliste, sondern als Hilfsmittel bei der Formulierung von Zielen, mit denen greifbare Ergebnisse erreicht werden. So

- kann es unvorsichtig sein, das Modell für alle Zielsetzungen zu verallgemeinern. Für die Definition langfristiger Ziele ist die SMART-Methode beispielsweise nicht immer angebracht, da Ziele aufgrund des realistischen Aspekts als zu ehrgeizig bewertet und dadurch verworfen werden könnten.
- können nicht alle Ergebnisse objektiv bewertet werden. Zudem verfügt das Unternehmen nicht immer über die Fähigkeiten und ausreichenden finanziellen Ressourcen, um alle be-

nötigten Informationen zu erlangen und auszuwerten. Das Unternehmen sollte trotzdem nicht darauf verzichten, sich Ziele zu setzen.

- wird eine Zielanpassung im SMART-Modell nicht vorgesehen (außer in der im folgenden Kapitel betrachteten Variante, in der A für „anpassbar" steht). Es kann in manchen Fällen jedoch wichtig sein, die Veränderungen des Unternehmensumfelds zu beachten und miteinzubeziehen.

Auch der amerikanische Unternehmer und Referent Brendon Burchard (geboren 1977; Gründer der *Experts Academy*) vertritt die Ansicht, dass nicht alle Ziele die SMART-Kriterien erfüllen müssen, und macht dies an verschiedenen Beispielen fest. So war zum Beispiel Christoph Kolumbus' Ziel, über den Atlantik nach Indien zu segeln, nicht sonderlich SMART. Zur damaligen Zeit war das Vorhaben nicht sehr realistisch, auch der Zeitrahmen war unsicher. Was den messbaren Aspekt betrifft, gab es nur zwei mögliche Ergebnisse: Entweder würde er sein Ziel erreichen – oder nicht. Burchard hebt die Wichtigkeit von Idealen hervor und schlägt ein anderes Akronym vor: DUMB („dumm" auf Deutsch) – das das Gegenteil des SMART-Modells darstellt.

Vor allem kritisiert Burchard das realistische Merkmal der SMART-Kriterien, welches vermutlich das am schwierigsten zu bewertende ist. Seiner Meinung nach sollte ein Ziel festgelegt werden, das eine Herausforderung darstellt, aber dennoch möglich, realisierbar ist. Wird dagegen eine Modellvariante vorgezogen, in der *R* für „relevant" steht, betrachtet man stattdessen die Unternehmensprioritäten. Besteht die Priorität darin, langfristig Kosten zu senken, stünde dies im Widerspruch mit dem Ziel, den Produktwert zu steigern. Dieses Ziel wäre dementsprechend nicht relevant. Die Bewertung der Relevanz eines Ziels erfolgt also hinsichtlich der langfristigen Prioritäten eines Unternehmens oder einer Einzelperson (im Fall von Lernzielen).

ERGÄNZUNGEN UND VERWANDTE MODELLE

Auslegungen des SMART-Modells

Aufgrund seiner Beliebtheit entstanden diverse Varianten des SMART-Modells. In der folgenden Tabelle werden die geläufigsten aufgelistet:

Varianten der SMART-Methode

S	simple (einfach), sustainable (nachhaltig), significant (bedeutend)
M	motivierend, manageable (lenkbar), meaningful (bedeutsam)
A	achievable (erreichbar), actionable (verfolgbar), ambitious (ehrgeizig), anpassbar, acceptable (tragbar)
R	relevant, result-oriented (ergebnisorientiert)
T	trackable (rückverfolgbar), tangible (greifbar)

Auch die folgende Variante ist beliebt: spezifisch, messbar, erreichbar, relevant und terminiert. In diesem Fall müssen die Kriterien „erreichbar" und „relevant" in Kombination verwendet werden. „Erreichbar" (*achievable*) ersetzt hier „realistisch" (*realistic*), da sie ähnliche Aspekte abdecken und das eine Kriterium das andere so überflüssig macht. Das Relevanz-Kriterium beinhaltet zwar eine zusätzliche Dimension, umfasst jedoch nicht die Zuweisung der Projektverantwortlichkeit („zuweisbar", *assignable*, entfällt, da an dessen Stelle nun „erreichbar", *achievable*, steht).

Es wird an dieser Stelle deshalb empfohlen, „zuweisbar" zu verwenden, da Relevanz sowohl im Kriterium „spezifisch" als auch im Modell insgesamt enthalten ist.

Das SMARTER-Modell

SMARTER ist eine Ergänzung des SMART-Modells. Die hinzugefügten Buchstaben E und R stehen für Bewertung (*evaluation*) und Überarbeitung (*review*). Die nachträgliche Bewertung steht in einer Linie mit dem Kriterium „messbar". Auch wenn sie schon implizit im SMART-Modell enthalten ist (nämlich im M), sollte sie eindeutig benannt werden, um die folgenden Fragen zu beantworten:

- Wer übernimmt die Bewertung?
- Wie wird sie ausgeführt?

Bei der Überarbeitung werden im Anschluss an die Bewertung notwendige Anpassungsmaßnahmen vorgeschlagen. Die folgende Tabelle gibt die häufigsten Varianten des Modells wieder:

Das SMARTER-Modell

S	spezifisch, simple (einfach), sustainable (nachhaltig), significant (bedeutend)
M	messbar, motivierend, manageable (lenkbar), meaningful (bedeutsam)
A	assignable (zuweisbar), achievable (erreichbar), actionable (verfolgbar), ambitious (ehrgeizig), anpassbar, acceptable (tragbar)
R	realistisch, relevant, result-oriented (ergebnisorientiert)
T	terminiert, trackable (rückverfolgbar), tangible (greifbar)
E	ethisch, ecological (ökologisch), equitable (fair), enhancing (verbessernd)
R	recordable (dokumentierbar, bspw. mit einer Grafik), rewarding (belohnend)

Das DUMB-Modell

Brendon Burchard hinterfragt die Verwendung und Legitimität der sehr beliebten SMART-

Methode mit einem Augenzwinkern: Sein neu entwickeltes DUMB-Modell, dessen Akronym das Gegenteil von SMART bedeutet, gibt großen Ideen mehr Raum und legt den Fokus damit weniger auf den realistischen Aspekt.

Es setzt sich aus fünf Aspekten zusammen:

- **Dream driven:** Ziele sollen von großen Ideen (Träumen) inspiriert sein. So wie Christoph Kolumbus sollen auch Einzelpersonen und Unternehmen ein Ideal festlegen, das sie erreichen wollen. Ein Unternehmen sollte beispielsweise versuchen, in seinem Bereich Qualitätsführer zu werden.
- **Uplifting:** Dieser Aspekt kann als „inspirierend" übersetzt werden Ein Ziel sollte also so formuliert werden, dass es eine motivierende Wirkung hat. Burchard veranschaulicht dies am Beispiel Abnehmen. Seiner Meinung nach sollte das Ziel nicht negativ formuliert werden: „Wie ein Topmodel aussehen" erscheint dagegen positiver und daher motivierender.
- **Method friendly:** Es muss eine eindeutige Methode entwickelt werden, an die man sich halten kann, um das Ziel zu erreichen. Bei einem Lernziel können dies täglich auszufüh-

rende Tätigkeiten sein, die die Fähigkeiten im jeweiligen Bereich verbessern.

- **Behaviour driven:** Dieser Aspekt bezieht sich auf eine entscheidende Verhaltensänderung: Um seine Träume zu erfüllen, muss man sich selbst disziplinieren können, da sich Verhaltensweisen direkt positiv auf Lernen und Leistung auswirken können.

ZUSAMMENGEFASST

- Das SMART-Modell (Akronym der Wörter *specific, measurable, assignable, realistic* und *timebound*) hilft bei der Festlegung von Zielen im Projektmanagement und in der persönlichen Entwicklung.
- Der Erfolg des Modells beruht hauptsächlich auf seiner Einfachheit und dem leicht zu merkenden Namen.
- Das Modell besteht in zahlreichen Varianten. Eine der bekanntesten ist das SMARTER-Modell, in dem die Aspekte der Bewertung und Überarbeitung ergänzt werden.
- Der realistische Aspekt wurde vielfach kritisiert, da großen, ambitionierten Ideen wenig Raum gelassen wird, was für langfristige Ziele nicht sehr angebracht ist.
- Das Festlegen von Unterzielen kann bei der Umsetzung komplexerer Projekte unerlässlich sein.
- Manager haben die Wahl:
  - Entweder ernennen sie zunächst einen Projektverantwortlichen, bevor sie das Ziel

näher bestimmen, oder sie gehen in umgekehrter Reihenfolge vor.

  - Entweder beziehen sie die Mitarbeiter in die Zielsetzung mit ein oder nicht.

- Es sollte bedacht werden, dass es sich um eine Methode handelt, mit der Ergebnisse erzielt werden sollen – und nicht um eine Checkliste. Es müssen also nicht immer alle Kriterien erfüllt werden.

Praktische Tabelle

	Frage-stellung	Bsp. einer Zielformu-lierung: Senkung der Produkti-onskosten	Bsp. für konkret auszuführende Schritte
S	Ist das Ziel präzise genug formu-liert, um daraus die notwen-digen Schritte abzulei-ten?	„Mein Unterneh-men muss die Produkti-onskosten für das Produkt ‚Turnbeu-tel' reduzieren."	Das Ziel ist präzise formu-liert. Um es zu erfüllen, müssen zunächst die aktuellen Kosten analysiert werden, um festzustellen, wo Verbesse-rungspotenzial besteht

M	Welche Daten werden zur Zielsetzung benötigt? Welche Menge/ Mindest- werte/ Taktvor- gaben werden für das Ziel festgelegt?	„Mithilfe der aktuellen Daten lege ich eine Senkung der Produkti- onskosten um 10 % fest."	Die verfügbaren Daten werden gesichtet. Es wird bestimmt, welche Daten schon vorhanden sind und welche noch gesammelt werden müssen. Die Senkung um 10 % wird eindeutig festgelegt.
A	Wer ist für die Umsetzung verant- wortlich?	„Ich ernenne den Produkti- onslei- ter zum Verant- wortlichen für das Erreichen des Ziels."	Es wird über- prüft, ob der ernannte Verantwortliche das Ziel ver- standen hat. In regelmä- ßigen Gesprächen informiert sich der Manager über die aktuelle Situation.

R	Kann das Ziel mit den aktuellen oder mit neuen, zu akzeptablen Bedingungen beschaffbaren Mitteln erreicht werden?	„Eine Produktionssteigerung der Produktionslinie ‚Turnbeutel' um 10 % ist realistisch."	Es wird überprüft, ob ein ähnliches Ziel schon in der Vergangenheit erreicht wurde. Zudem bedenkt der Manager die Reaktionen der Mitarbeiter.
T	Wann sollte Bilanz gezogen werden?	„Zum Jahresende soll das Ziel erreicht sein."	Es wird ein Zeitplan erstellt. Eventuell werden Unterziele miteingeplant, die im Vorfeld erfüllt werden müssen.

Ihre Meinung ist uns wichtig!
Hinterlassen Sie doch einen Kommentar auf der
Seite unserer Online-Buchhandlung
und teilen Sie Ihre Favoriten in den sozialen
Netzwerken!

DARÜBER HINAUS

LITERATURVERZEICHNIS

- Burchard, Brendon: „Smart Goals Are DUMB". *The Charged life* (Juli 2014). Podcast auf Englisch. https://itunes.apple.com/gb/podcast/charged-life-brendon-burchard/id821746377?mt=2 (13.04.2018).

- Doran, George T.: „There's a S.M.A.R.T. Way to Write Management's Goals and Objectives". In: *Management Review* 70(11 1981). S. 35-36.

- Drucker, Peter F.: *Die Praxis des Management.* Econ-Verlag: 1956.

- Morisson, Mike: „History of SMART Objectives". *RapidBI*. Management-Informationen auf Englisch. (22. Juni 2010). https://rapidbi.com/history-of-smart-objectives/ (13.04.2018).

- Prunier, Yves: „Un objectif SMART n'est pas la panacée". *Les Echos.fr*. Französische Finanzzeitung. (10.04.2013). http://archives.lesechos.fr/archives/cercle/2013/04/10/cercle_70057.htm (13.04.2018).

- Vincent, François: „Créer des objectifs S.M.A.R.T., une formule magique en marketing".

Stratégie marketing PME. Französischsprachiger Marketing-Blog. (10.09.2013). http://www.strategiemarketingpme.com/strategies/creer-objectifs-s-m-r-t-formule-magique-en-marketing/ (13.04.2018).

- Yemm, Graham: *Essential Guide to Leading Your Team. How to Set Goals, Measure Performance and Reward Talent*. Pearson Education: New York 2013. S. 37-39.

WEITERFÜHRENDE LITERATUR

- Dallas, Justin: *Smart Goals. Everything You Need to Know About Setting S.M.A.R.T. Goals. Dream Big, Set Goals, Take Action*. Kindle Editions: 2015.

- Gudger, Jacob: *SMART Goals. The Ultimate Goal Setting Guide*. Kindle Editions: 2013.

- Scott, S. J.: *Goals Made Simple. 10 Steps to Master Your Personal and Career Goals*. Kindle Editions: 2014.

www.50Minuten.de

ISBN digitale Ausgabe: 9782808009133

ISBN gedruckte Ausgabe: 9782808009317

Pflichtexemplar: D/2018/12603/224

Cover: © Plurilingua

Digitale Aufbereitung: Primento, der digitale Partner der Herausgeber